Jürgen Spohn wurde 1934 in Leipzig geboren. An der Hochschule für Bildende Künste in Kassel absolvierte er ein Grafikstudium. Seit 1972 lehrt Jürgen Spohn als Professor für Grafik-Design (Fachbereich: Visuelle Kommunikation) an der Hochschule der Künste Berlin.
Der Autor und Illustrator Jürgen Spohn erhielt, neben zahlreichen anderen Auszeichnungen, den Deutschen Jugendliteraturpreis 1981 für sein Kinderbuch „Drunter & Drüber" und – als erster deutscher Künstler – einen „Goldenen Apfel" auf der Biennale in Bratislava (BIB).

Jürgen Spohn

HALLO DU DA

Versammelte Ganzkurzgeschichten,
Verse & Wünschelbilder

Coppenrath Verlag Münster

ISBN 3-88547-486-7

Lektorat: Carola Henke
Gesamtherstellung: Elsnerdruck Berlin

Inhalt

Halloh, wer da

Ich komme schon
sag ich zu dem Telefon
Halloh, wer da?
Ach so, ja ja
Mir danke gut
Was man so tut
Wie, was, wieso?
Wann, weshalb, wo?
Genau, ja das
Wie bitte, was?
Ich kleiner Dicker?
Sie unverschämter
Krümelpicker!

Oder?

Ein Einsiedler hatte eine Einsiedelei gefunden. So saß er in der Mitte der Einsiedelei und einsiedelte so vor sich hin. Wie er nun darüber nachdachte, ob er ein freiwilliger oder ein unfreiwilliger Einsiedler sei, klopfte es bei ihm an. Sollte er nachsehen - oder nicht? Schließlich öffnete er die Tür ein wenig. Aber da war NIEMAND. Guten Tag, ich bin NIEMAND, sagte der NIEMAND, mich kannst du einlassen. Wenn er nun NIEMAND einläßt - ist er dann ein Einsiedler geblieben oder nicht?

Na wie

Ich bin dafür.
Na, wofür bist du denn?
Ich bin dafür, daß wir dagegen sind,
damit keiner denkt, daß wir dafür sind.
Also wie, bist du nun dafür oder dagegen?
Ach, Mensch…

Franz-Heinrich

Na wie denn

Gib mir einen Namen, sagte ein Huhn
zu einem Huhn.
HUHN.
Nein, nicht HUHN. Ein Huhn bin ich,
aber so will ich nicht heißen.
EIERSCHNEEWEISSCHEN.
Ach nein.
Oder: GACKERLISE.
Ach nein.
Oder: DOTTERSCHÖN.
Ach nein.
Oder: PICKESCHNÄBELCHEN.
Ach nein.
Oder: FEDERFEE.
Ach nein.
Ach nein - ach nein, du dummes Huhn.
Dann such dir doch selbst einen Namen.

Schwebezustand

Ein Schwebetierchen lebt
besonders gut
dann wenn es schwebt

Und auch
wenn es gekitzelt wird
am Bauch

Und nicht
wenn man ruppig
mit ihm spricht

Apparat

Du, ehrlich
ich weiß einen Apparat
der, wenn man ihm naht
Limo & Schokolade
ausspuckt
und dir tief
in die Augen guckt
der, wenn man ihn fragt
»du bist ein Klassetyp«
zu dir sagt
der, wenn vielleicht
deine Stimmung nicht stimmt
dich einfach mal
in die Arme nimmt
der dir den Unterschied
erklärt
zwischen Himmel & Hölle
und auch mal
mit dir Achterbahn fährt
der dir sagt
du, das Leben ist toll
und was man hier soll
der dir gute Träume bringt
und mit dir
ein heiteres Liedchen singt
der dir Himbeerglöckchen schenkt

wenn kein Mensch an dich denkt
der dir die
bösen Geister vertreibt
und dir - wenn es juckt
den Rücken einreibt
und keinem je etwas zuleide tat
Du, ehrlich
ich weiß einen Apparat...

Der Haufen

Wir wenden uns heute dem Haufen zu. Der Haufen unterscheidet sich vom Nichthaufen durch eine haufenartige Anhäufung. Hingegen ist der Nichthaufen häufig einfach gar nicht vorhanden. Ein Häufchen kann eine Vorstufe des Haufens sein. Aber wo hört das Häufchen auf und fängt der Haufen an? Es muß nicht aus jedem Häufchen ein Haufen werden. Und nicht jeder Haufen war zuvor ein Häufchen. Oder? Nehmen wir einmal drei Erbsen. Ist das ein Haufen? Oder ein Häufchen? Oder beides nicht? Bleiben drei Erbsen vielleicht schlicht drei Erbsen? Aber wie verhält es sich mit vier Erbsen? Vier ist schwierig. Nehmen wir vier mal vier Erbsen mal vier. Oh, müssen es unbedingt Erbsen sein. Warum denn gerade Erbsen.
Sch…

Sowohl als auch

Es tummelt sich
ein Sonnenfleck
im Blumenbeet
im Schweinedreck
und summt bei sich
das kleine Lied:
Ich mache
keinen Unterschied

Konferenz der Tiere

Ein Schauder

Ein Schauder
stieg am Bahnhof aus
lief übern Damm
ins nächste Haus
und legt sich
auf die Lauer
an einer
dunklen Mauer

Dort um die Ecke
bog ein Mann
den sprang er dann
von hinten an
mit Wonne & Entzücken
lief er ihm
übern Rücken

Unfall

Bei den Regenwürmern war Turnstunde. Auf einmal gab es ein Problem. Nach einer Rolle über ein Rhabarberblatt kam einer mit einem Knoten unten an. Was tun? Alle waren ratlos. Der Turnlehrer dachte nach: schieb mal mit hinten, und schieb auch mal mit vorne, und mach dich in der Mitte ganz locker.
Der Wurm mühte sich ab. Aber der Knoten blieb. So ein Mist.

eM, e, ha, el

Bei den Mehlwürmern ist alles aus Mehl. Mehl, Mehl soweit der Wurm reicht. Morgens Mehl, mittags Mehl und Mehl zum Abendessen, und wer zwischendurch mal naschen will, hält die Zunge raus, denn die Umgebung ist auch aus Mehl. Man mehlt so herum oder bemehlt die anderen. Verliebte vermehlen sich. Beim Niesen staubt es. Vorne geht das Mehl rein und hinten wieder raus. Sogar die Seele ist aus Mehl. Wenn man allmehlich das Mehl satt hat, gibt es immer noch Mehl – zum Nachtisch. Die dicksten Würmer sind die Obermehlwürmer. Man erkennt sie daran, daß sie nie genug haben und heimlich Mehl beiseite schaffen. Es gibt oft Streit, weil schwer zu sagen ist, wo mein Mehl aufhört und dein Mehl anfängt. Die Mehlosophen verfassen Weisheiten wie zum Beispiel: Mehl bleibt Mehl. So ist das.
Eines Tages war einer, der hatte genug davon. Es kam ihm schon hoch, wenn er nur an Mehl dachte. Er schüttelte sich, sagte tschüß und machte sich davon. Weit ist er nicht gekommen. Nur bis an den Sack.

Mitten

Es kroch
aus einem Saxophon
ein falscher Ton
mitten im ADAGIO
und
schämt sich so…
und
schämt sich so…

Du

Stinktiere riechen nicht gut. Deshalb heißen sie so. Ein Stinktierkind, das nicht nur mit Stinktieren spielen wollte, fand keine Zuneigung bei den anderen. Die Nichtstinktiere hielten die Luft an und rannten davon.
Oder sie riefen: Geh weg, du stinkst.
Da bekam das Stinktier einen traurigen Blick.

An einem Tag im Mai kam ein schönes Tierchen vorbei, das noch nie einem Stinktier begegnet war. Es blieb stehen und sagte: Hallo. Geh lieber weiter, ich rieche nicht gut, sagte das Stinktier. Ich mag deine großen, traurigen Augen, war die Antwort. Darf ich ein Weilchen bleiben? Da spielten sie zusammen ein Spiel. Es wurde Liebe. Am dritten Tag wagte das Stinktier eine Frage: Sag mal, du hältst dir gar nicht die Nase zu, wenn du mich küßt.
Warum denn, sagte der Geliebte,
du hast so einen wunderbaren Geruch!

Für Emil Vögelein

Ein Herr
mit Namen Vögelein
der hatte
lebenslänglich ein
Bedürfnis
daß er sich erhebe
vom Bodenstand
auf in die Schwebe
Lieber Emil Vögelein
für diese Absicht
fehlt dir ein
gewisses Lockerleichtes
vom Menschen
Unerreichtes

Für Emil Vögelein

Davor

Eine Vogelfeder wirbelte zum Fenster hinaus.
Und davor klemmte sie hinter einem
Bilderrahmen.
Und davor steckte sie in einem Knopfloch.
Und davor lag sie an einem Wegrand.
Und davor war sie sachte auf die Erde
geschwebt.
Und davor war sie ein Stück von einem Vogel.
Und davor…
Und davor…
Und davor?

Wie bitte?

Es gibt Fragen. Und es gibt schwierige Fragen, wie zum Beispiel: ob ein Frosch Roller fahren kann. Erst habe ich mich selbst gefragt: Kann ein Frosch Roller fahren? Dann habe ich Leute auf der Straße gefragt: Kann ein Frosch Roller fahren? Nein, nein, ausgeschlossen, und ob ich Fieber hätte? Dann habe ich einen mit vorstehenden Augen und einer grünen Latzhose gefragt: Kann ein Frosch Roller fahren? Der hat immerhin nachgedacht – hm, hat er gesagt, hm! Und nun? Hiermit frage ich jetzt dich: Kann ein Frosch Roller fahren? Was? Wie bitte? Ach so. Ja, richtig. Man sollte die Frösche selber fragen. Die müßten es ja wissen.

Lebewesen

Auf einer Versammlung
der Lebewesen
ist auch einmal
ein Mensch gewesen

Er hat dort
ziemlich angegeben
er sei die Krone
von allem Leben

Die Kellerassel
hat laut gelacht
Das Kaninchen
hat laut gelacht
Das Dromedar
hat laut gelacht
Das Warzenschwein
hat laut gelacht
Der Schimpanse
hat laut gelacht
Der Mistkäfer
hat laut gelacht

Da hat sich der Mensch
davongemacht…

D-2301 Jasdorf/D-3331 Neindorf

Zwischen Neindorf und Jasdorf liegen 99 Kilometer. Man kann von Jasdorf nach Neindorf reisen oder von Neindorf nach Jasdorf. Wenn einer in Jasdorf nein sagt, sagt einer in Neindorf ja. Wenn einer in Neindorf ja sagt, sagt einer in Jasdorf nein. Aber was passiert, wenn einer in Jasdorf ja sagt und in Neindorf nein? Frieden ist, wenn ein Neindorfer zu einem Jasdorfer ja sagt oder ein Jasdorfer zu einem Neindorfer nein. Unfrieden ist, wenn ein Jasdorfer zu einem Neindorfer ja sagt oder ein Neindorfer zu einem Jasdorfer nein. Vorschlag: Es treffen sich die Jasdorfer und die Neindorfer am Kilometer 49,5 zwischen Jasdorf und Neindorf und feiern ein Neinoderjafest. Ja oder nein?

Fragebogen

Warum heißt der Fragebogen Fragebogen?
Weil man sich fragt, was die Fragen sollen.
Nun wäre der fragliche Bogen weit weniger
Fragebogen ohne Fragen. Daher wird der
Fragebogen auf den Fragen bestehen -
gleich, ob die Fragen der Frage wert sind.
Frage: Ob man nicht vielleicht doch mal
einen Fragebogen bewegen sollte, auf die
Fragen zu verzichten - einfach nur Bogen…

Unfrieden

Die Tauben hatten viel zu tun. Sie wurden gebraucht. Man gab ihnen einen Ölzweig in den Schnabel und nannte sie Friedenstauben. Sie waren auf Plakaten zu sehen, in Zeitungen, auf Häuserwänden, und sie wurden täglich mehr.
Die Friedenstauben gingen auf die Reise um die ganze Welt und gaben sich Mühe. Aber wohin sie auch kamen, kämpften die Menschen – für den Frieden; stritten sich die Menschen – um den Frieden.

Da dachten die geflügelten Friedensboten in ihrem Taubenhirn: Das ist nicht der Frieden, der Frieden ist das nicht, ihr lieben Leute. Sie hätten das gerne laut gesagt, aber dann wäre ihnen der Ölzweig aus dem Schnabel gefallen.

Mit oder ohne

Tag – Nacht

Und wieder ist eine
Nacht Nacht
nachdem ein
Tag Tag
war
bevor ein
Tag Tag
wird
und wieder ist ein
Tag Tag
nachdem eine
Nacht Nacht
war
bevor eine
Nacht Nacht
wird

Der Gatte

»Wer will mich«
(sprach der Schatten)
»zum Gatten?«

Oh nein, oh nein
das geht doch nicht
denn deine Gattin
ist das Licht

Der Schatten sah das ein
Er braucht
den hellen Schein
zum Sein

Raus

Mitten im Winter stolperte der Frühling herein.
»Raus hier«, schrie der Winter und versetzte ihm einen Tritt.
Der Frühling drehte sich noch mal um und sagte:
»Na warte!«

Na also

Als er sich ein Zuhause suchen wollte,
sagte man ihm, es sei schon alles besetzt.
Als er um eine Suppe bat, war sie gerade alle
geworden. Als er nach einer Arbeit Ausschau
hielt, gab es keine für ihn. Als er einen
Mitmenschen brauchte, fand sich niemand.
Da kam eine Maus, lief ihm über den Schuh,
schnupperte an seinem Schnürsenkel, stieg
ein in sein Hosenbein, blinzelte hinter dem
Gürtel hervor, verschwand im Jackenärmel,
hielt sich im Kragen auf, stellte sich auf die
Zehenspitzen und flüsterte ihm ins Ohr:
Wenn du willst, kannst du bei mir bleiben.

Schlimmel

Ist das schlimm, wenn einer schlimm ist? Schlimm ist, wenn einer für schlimm gehalten wird. Noch schlimmer ist, wenn einer, der für schlimm gehalten wird, gar nicht schlimm ist, oder wenn ein Schlimmer einen Schlimmen noch schlimmer nennt. Das Schlimme am Schlimmen ist, daß es schlimm ist, wenn einer schlimm ist.

Ziehen

Eine schöne dicke Möhre
steckte fest
in einer Röhre

Da kam ein Hase
angelockt
und hat sich
davor hingehockt

Und betete
zum Hasengott:
ach mach mir
diese Möhre flott

Ein Futterneider
sah das auch
und zog die Möhre
aus dem Schlauch

Honig

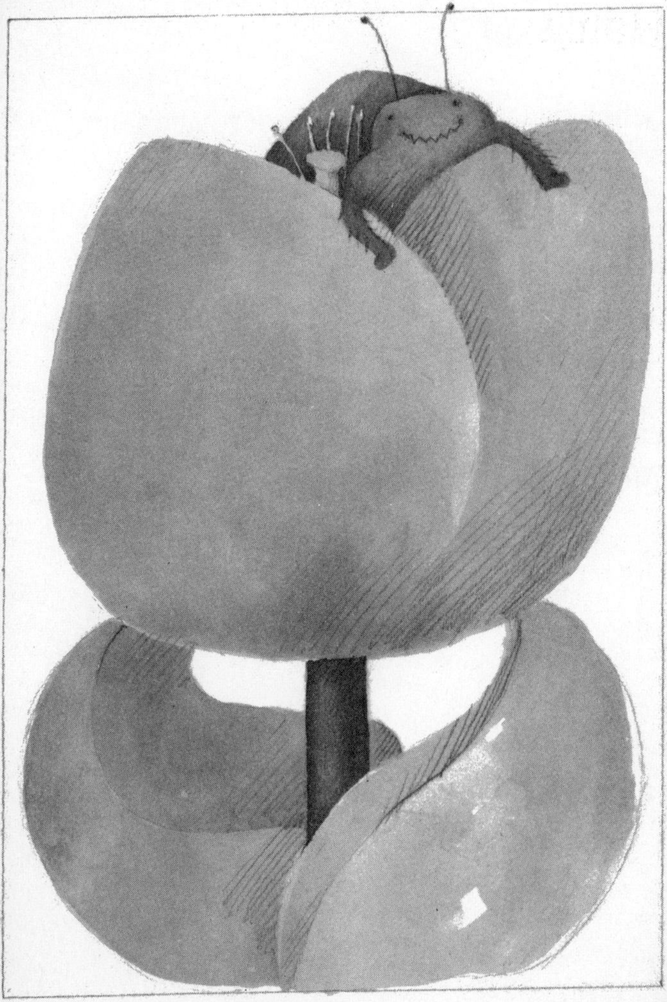

Schicksal

Schokoladenweihnachtsmänner haben ein schweres Schicksal. Vor Weihnachten wollen sie keinem schmecken, weil sie als Dekoration und für die Stimmung gebraucht werden. Nach Weihnachten wollen sie keinem schmecken, weil Weihnachten vorbei ist und die ersten Osterhasen Anlauf nehmen. Und wenn dann Mitte Februar doch einmal einer gegessen wird – dann nur, weil nichts anderes da ist.

Unwohl

Auch Osterhasen fühlen sich manchmal nicht gut. So war es bei einem kurz vor Ostern mitten im Hauptgeschäft.
Guten Tag, Herr Doktor, bei mir stimmt was nicht, die Eier werden mir so schwer. Können Sie mal nachsehen?
Tja, mein Lieber, sagte der Doktor während der Untersuchung. Das ist das Alter. Sie sollten auf kleine Eier umsteigen.

Dabei

Einer, der dabei war, traf einen, der nicht dabei war. Wenn du dabei gewesen wärst, sagte der, der dabei war, zu dem, der nicht dabei war, dann wüßtest du, wie einem dabei ist. Dabei ist es gar nicht so einfach, dabei zu sein, sagte der, der dabei war, zu dem, der nicht dabei war. Der, der nicht dabei war, sagte zu dem, der dabei war: Daß ich nicht dabei war, sagt nicht, daß ich nicht dabei hätte sein wollen, um dabei herauszufinden, wie einem dabei ist. Dabeisein, sagte der, der dabei war, zu dem, der nicht dabei war, hilft allen, die nicht dabei waren, zu vermitteln, was man dabei empfindet, wenn man dabei war.

Gemeinheit

Ein Bandwurm
der aus Schauenslust
schon mal
auf einen Turm gemußt
der hatte
oben angekommen
Krach
mit seinem Rest bekommen

Bei Stufe zehn
da blieb
das Bandwurmende stehn
und konnte
überhaupt nichts sehn

Kummer

Vor Kummer krumm
schwumm ein Hummer
stumm herum
im Hotel-Aquarium

Zwischen Sekt
und Majonäsen
ist es dann
zu spät gewesen
Ja, das Glück im Ozean
war vertan…

Dort oben

Ich bin
»guten Tag«
der Kragenknopf
und wohne
dort oben
unter dem Kopf
Die Aussicht da
ist kolossal
Besuch mich mal
Sieh mal, Perlmutt
geht nicht kaputt
außer: mit Hammer
Das wäre ein Jammer
Meine Löcher
die sind schön rund
Achso ja und
an trüben Tagen
schließ ich den Kragen

Zuneigung

Mia sagt

Mia sagt:
Das Glück hat Fell
und ist
wie eine Maus
so schnell

Lieber Lachs
als Kite-Kat
(wenn man
gar nichts andres hat)

Such mich
wenn ich
mich verstecke
unter deiner
Rheumadecke

»Schnurren lernen –
leicht gemacht«
heißt mein Kurs
von sechs bis acht

Mia sagt:
So soll es sein –
Ist man Katze
hat man Schwein

Wie heißt du denn?

Dieter-Peter Seisogut
Katherina Ohnemut
Manuela Laßdassein
Ina-Tina Dummundklein
Dorothea Immerwieder
Adelgunde Ohnelieder
Anneliese Lieberspäter
Udo-Hermann Freundverräter
Hans-Joachim Achselzucker
Heiner-Hugo Fernzielspucker
Maximilian Nachbarschreck
Margarethe Laufnichtweg
Karoline Küßmichmal
Friederike Miregal
Ludovico Zeigmalher
Michaela Gehtnichtmehr
Karl-Matthias Immerich
Rosalinde Werliebtmich

Ja ja

Es hatte ein
Insekt entdeckt
die Liebe, ja, die Liebe

Sie hat sich
für ihn hingestreckt
Er hat sie
zärtlich angeleckt
die Liebe, ja, die Liebe

Sie tänzelte
im Sommerwind
wünschte sich
ein Insektenkind
die Liebe, ja, die Liebe

Ach mach mir
dein Versprechen wahr
wir haben nur
das eine Jahr
die Liebe, ja, die Liebe

Fenster

Fenster sind
die Augen vom Haus
ein Vondrinnenraus
ein Vondraußenrein
ein Durchlaß
für den Sonnenschein
Auch das
kommt vor:
Der Neugier ein Tor
Wo vielleicht
Geranien blühn
oder Suppengrün
Wo auch einmal
ein kleiner Stein
bedeutet dir ein
Laßmichrein

Katzenwetter

Kann kann

Man muß, solange man kann. Wenn man nicht mehr kann, kann man nicht mehr. Wollen kann man natürlich, wenn man nicht mehr kann. Doch ist das Wollenkönnen nicht mit dem Könnenkönnen gleichzusetzen, sonst müßte man ja nur wollen können, um können zu können.

Ach ja

Ein Schaf
das dachte traumverloren
an Zeiten
als es just geboren
in einer
hohen Wiese stand
und lustvoll
Mamas Euter fand

Liegt jetzt
das Arme Tier als Fell
zur Zier
vor einem Bettgestell
und regt sich
täglich dreimal auf
tritt doch schon wieder
einer drauf

Vermählung

Eines Tages geschah etwas. Ein Berg und ein Tal gaben ihre Vermählung bekannt. Der Berg sagte: Du bist aber tief – komm zu mir herauf. Das Tal sagte: Bist du aber hoch – komm zu mir herunter. Der Maulwurf war Trauzeuge. Er dachte: Dem kann man abhelfen. So begann er, den Berg abzugraben und das Tal aufzufüllen. Bald war der Berg so sehr im Tal, daß daraus eine Ebene wurde. Wie sich der Maulwurf das so besah, dachte er: Vorher war es besser.

Paris

Da sind doch gestern
zwei Stubenfliegen
im Frankfurter Flughafen
zugestiegen
und hatten das Glück
einmal Paris
und wieder zurück
Zu Hause
haben sie angegeben:
VIVE LA VIE
(Es lebe das Leben)

Weg

Ein Haufen wollte
wie viele Haufen
statt festzuliegen
lieber laufen

Nun hat so mancher
Haufen Gold
lieber manchmal
bleiben gewollt

Dieser jedoch
der kam nicht weg
denn es war
nur Dreck

Zahlenspiele

Sagt die 4
ich mag die 7
wär so gerne
dageblieben
denn die Ehe
mit der 3
ist vorbei

Will die 2
mal mit der 4
(heimlich hier)
wird geboren
über Nacht
eine 8

Geht die 1
weg von der 3
bleiben
immerhin
noch 2

3 wär
ach so gerne 4
wieviel
sag mir
fehlen ihr?

Zirkus SCHWEIN

Buchstabensalat

Es gibt Worte und es gibt Worte, die noch erfunden werden müssen. Ein paar Buchstaben nahmen das selbst in die Hand. Ein TO und ein TA machten den Anfang. Das reicht noch nicht weit, so ließen sie ein TIL mitspielen. Das TOTATIL besah sich mit Wonne und fing sich ein ZUM ein, das gerade zum Bahnhof wollte. TOTATILZUM, TOTATILZUM brüllten sie lautstark und konnten nicht genug haben.
So kam ihnen ein Doppel-LA gelegen.
Es wird immer besser: TOTATILZUMLALA.
Darf ich auch mitspielen - so fragte schüchtern eine zur Zeit herrenlose Silbe mit dem Namen KUM. Das ging noch eine Weile so weiter.
Sie hatten Zulauf. Am Ende wurde ein Fest gefeiert. Es bekam einen Namen - diesen hier: TOTATILZUMLALAKUMTAMLUMLEI.

Kugel

Ein Kugelbaum
ein Kugelbauch
ein Kugelblitz
die kugeln sich
bei einem Witz:

Kugel
und ein Kügelchen
die wollten auf
ein Hügelchen

Es wollten auf
ein Hügelchen
Kugel
und ein Kügelchen

Ein Kugelbaum
ein Kugelbauch
ein Kugelblitz
die kugeln sich
bei einem Witz

Einmischung

Einer nach dem anderen standen sie da. Sie warteten geduldig, daß sie an die Reihe kämen: der Winter, der Frühling und der Herbst.
Der Sommer war gerade dran.
Da stellte sich unerwartet einer dazu.
Ich bin der Spätling, sagte er und suchte eine Stelle zwischen dem Sommer und dem Herbst.
Hau ab, riefen die anderen, du bringst alles durcheinander. Spätling - was soll denn das. Was hast du zu bieten? Bei mir blühen alle, die den Frühling verpaßt haben. Hört euch das an, riefen die gewohnten Jahreszeiten. Jetzt fehlt nur noch, daß er Zucker in den Regen verspricht.

Wer will ihn ausreden lassen?
Ihr sollt dann entscheiden, ob er bleiben darf oder nicht.

ROT auf BLAU

Guten Tag. Ich heiße Strumpf und bin auch einer. Mein Herr trägt mich mal links, mal rechts. Kürzlich, als aus einer dünnen Stelle ein Loch wurde, hat mein Herr überlegt. Soll er mich wegwerfen, oder soll er mich stopfen? Er hatte sich wohl an mich gewöhnt, denn er nahm Nadel und Stopfwolle zur Hand. ROT auf BLAU. Zum Lachen sieht das aus. Ha, ha, ROT auf BLAU! Wenn ich jetzt beim Laufen und Treppensteigen hinten rausschlappe - dann bin ich ein Ereignis für seine Umgebung.

Botschafter

Früher

Ein Ohr ist ab
das Fell ist blank
das Innendrin
ist etwas krank
Lippenstift
und Heuledreck
und von der Suppe
einen Fleck
die Stelle
ist ganz abgewetzt
wo man ihn
immer hingesetzt
der Blick ist traurig
trüb und leer
denn, ach
es will ihn
niemand mehr
In einer leeren Kiste
fand
ein Teddybär
den Ruhestand

Tun & Lassen

Es gibt solche
die was tun
und solche
die so tun
als ob sie was tun
und solche
die so tun
als ob sie so tun
daß sie was tun

Frage

Ach, Sie sind tierlieb?
Ja, tierlieb. Ich bin tierlieb.
Ich auch.
Ich bin auch tierlieb.
So, so, und Sie?
Oh, ich bin tierlieb.
Ja, ist denn keiner, ich meine,
ist denn keiner menschenlieb?

Antwort

Es liebte mal
ein Pappetier
ein Pappetier

Sei doch
ein bißchen
lieb zu mir
du Pappetier

Und wenn ich
nach dir schnappe
ist alles nur
aus Pappe

Ich

Ich stehe
manchmal
neben mir
und sage
freundlich
DU zu mir
und sag
DU bist
ein Exemplar
wie keines
jemals
vor dir war
DU bist
der Stern
der Sterne
Das hör ich
nämlich gerne

Besserung

Wenn du zu einem sagst:
du Affe,
dann tust du dem
Angesprochenen unrecht
und den Affen.
Wenn du zu einem sagst:
du Schaf,
dann tust du dem
Angesprochenen unrecht
und den Schafen.
Wenn du zu einem sagst:
du Schwein,
dann tust du dem
Angesprochenen unrecht
und den Schweinen.
Vielleicht läßt es sich
vermeiden oder mildern –
wie zum Beispiel:
du Halbschwein
oder du Viertelschwein
oder du Achtelschwein
oder versuch's doch mal mit:
DU einfach nur DU!

Quellenverzeichnis

Na wie denn / Unfall / eM, e, ha, el / Na also /
ROT auf BLAU
aus:
Jürgen Spohn, Ach so
Ganzkurzgeschichten und Wünschelbilder
© C. Bertelsmann Verlag GmbH, München 1982

Sowohl als auch / Ein Schauder / Wie heißt du denn? /
Früher / Ich
aus:
Jürgen Spohn, Drunter & Drüber
Verse zum Vorsagen Nachsagen Weitersagen
© C. Bertelsmann Verlag GmbH, München 1980

Schwebezustand / Lebewesen / Der Gatte / Ziehen /
Kummer / Dort oben / Ja ja / Fenster / Ach ja / Weg / Kugel
aus:
Jürgen Spohn, Das Schnepfenköfferchen
© K. Thienemanns Verlag, Stuttgart 1985

Halloh, wer da / Na wie / Der Haufen / Mitten / Fragebogen /
Tag – Nacht / Raus / Dabei / Gemeinheit / Mia sagt /
Kann kann / Paris / Zahlenspiele
aus:
Jürgen Spohn, darum
Ganzkurzgeschichten, Verse & Wünschelbilder
© Beltz Verlag, Weinheim und Basel 1984
Programm Beltz & Gelberg, Weinheim

Band 6:

Edith Bussmann, Sie hörte den Zigeuner singen.

Ausgestoßene des Nationalsozialismus

Autobiographische Erzählungen einer Frau, die während der nationalsozialistischen Herrschaft in Deutschland zehn Jahre ihrer Kindheit in einem Barackenlager verbringen mußte.

ab 14 Jahren